Impressum
Verlag: BABADADA GmbH, Nedderfeld 112 , 22529 Hamburg
Geschäftsführer / Verlagsleitung: Harald Hof
Druck: Books on Demand GmbH, In de Tarpen 42, 22848 Norderstedt

Imprint
Publisher: BABADADA GmbH, Nedderfeld 112 , 22529 Hamburg, Germany
Managing Director / Publishing direction: Harald Hof
Print: Books on Demand GmbH, In de Tarpen 42, 22848 Norderstedt, Germany

skole

skola

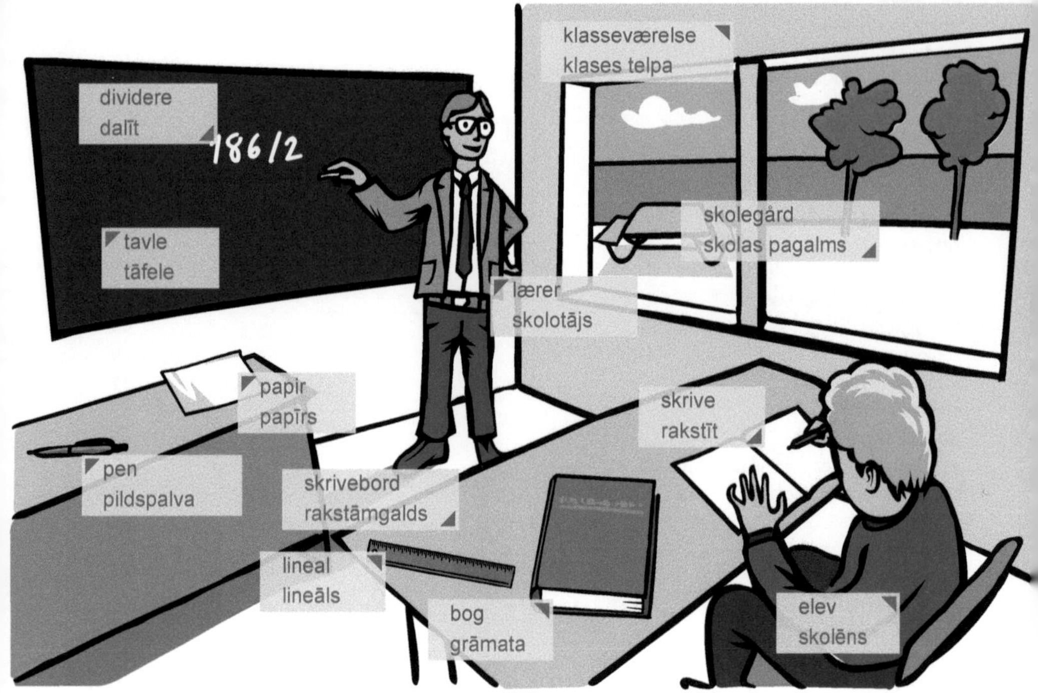
klasseværelse
klases telpa
dividere
dalīt
186/2
tavle
tāfele
skolegård
skolas pagalms
lærer
skolotājs
papir
papīrs
skrive
rakstīt
pen
pildspalva
skrivebord
rakstāmgalds
lineal
lineāls
bog
grāmata
elev
skolēns

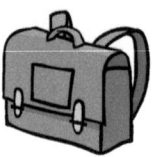

skoletaske

skolas soma

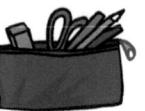

penalhus

penālis

blyant

zīmulis

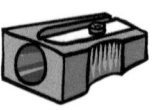

blyantspidser

zīmuļu asināmais

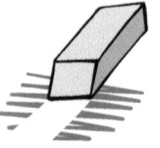

viskelæder

dzēšgumija

tegneblok

zīmēšanas bloks

tegning

zīmējums

pensel

ota

æske med vandfarver

krāsas

saks

šķēres

lim

līme

opgavehefte

darba burtnīca

lektie

mājas darbs

12

tal

skaitlis

2+2

addere

saskaitīt

5-2

subtrahere

atņemt

2×2

multiplicere

reizināt

regne

rēķināt

A

bogstav

burts

ABCDEFG
HIJKLMN
OPQRSTU
VWXYZ

alfabet

alfabēts

hello

ord

vārds

tekst

teksts

læse

lasīt

kridt

krīts

time

mācību stunda

klasseprotokol

žurnāls

eksamen

eksāmens

karakterbog

liecība

skoleuniform

skolas forma

uddannelse

izglītība

leksikon

enciklopēdija

universitet

universitāte

mikroskop

mikroskops

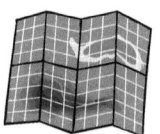

kort

karte

papirkurv

papīrgrozs

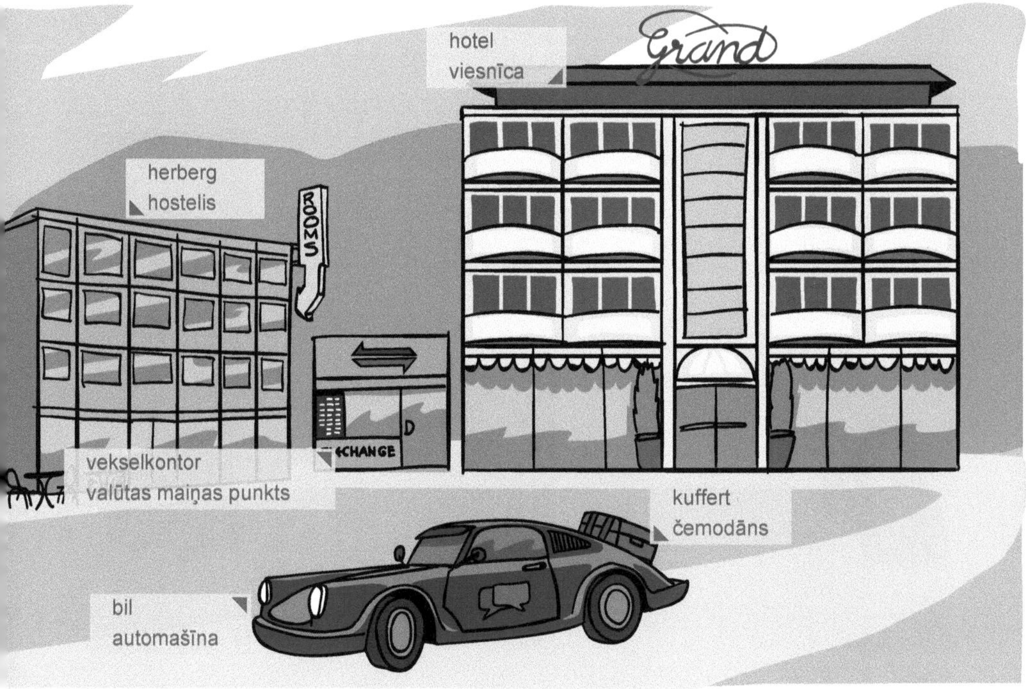
hotel
viesnīca
Grand
herberg
hostelis
ROOMS
EXCHANGE
vekselkontor
valūtas maiņas punkts
kuffert
čemodāns
bil
automašīna

sprog
Valoda

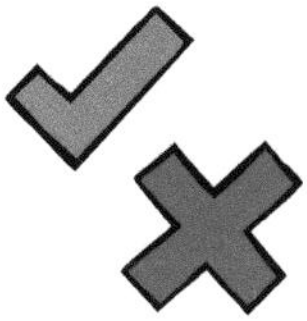

ja / nej
jā / nē

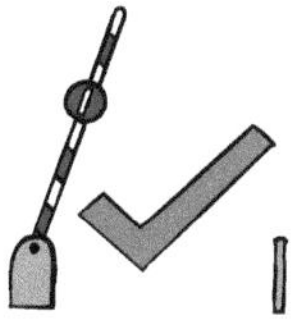

okay
Okay

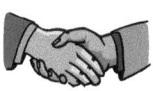

hej
Sveiki!

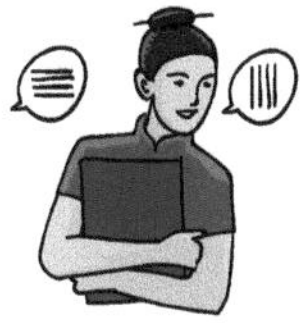

oversætter
tulks

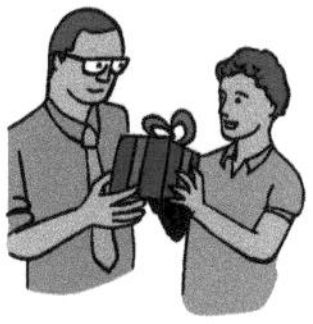

tak
paldies

hvad koster…?

Cik maksā…?

Jeg forstår ikke

Es nesaprotu

problem

problēma

God aften!

Labvakar!

God morgen!

Labrīt!

God nat!

Ar labu nakti!

farvel

Uz redzēšanos

retning

virziens

bagage

bagāža

taske

soma

rygsæk

mugursoma

gæst

viesis

værelse

istaba

sovepose

guļammaiss

telt

telts

turistinformation

tūrisma informācija

strand

pludmale

kreditkort

kredītkarte

morgenmad

brokastis

middagsmad

pusdienas

aftensmad

vakariņas

billet

biļete

elevator

lifts

frimærke

pastmarka

grænse

robeža

told

muita

ambassade

vēstniecība

visum

vīza

pas

pase

transport
transports

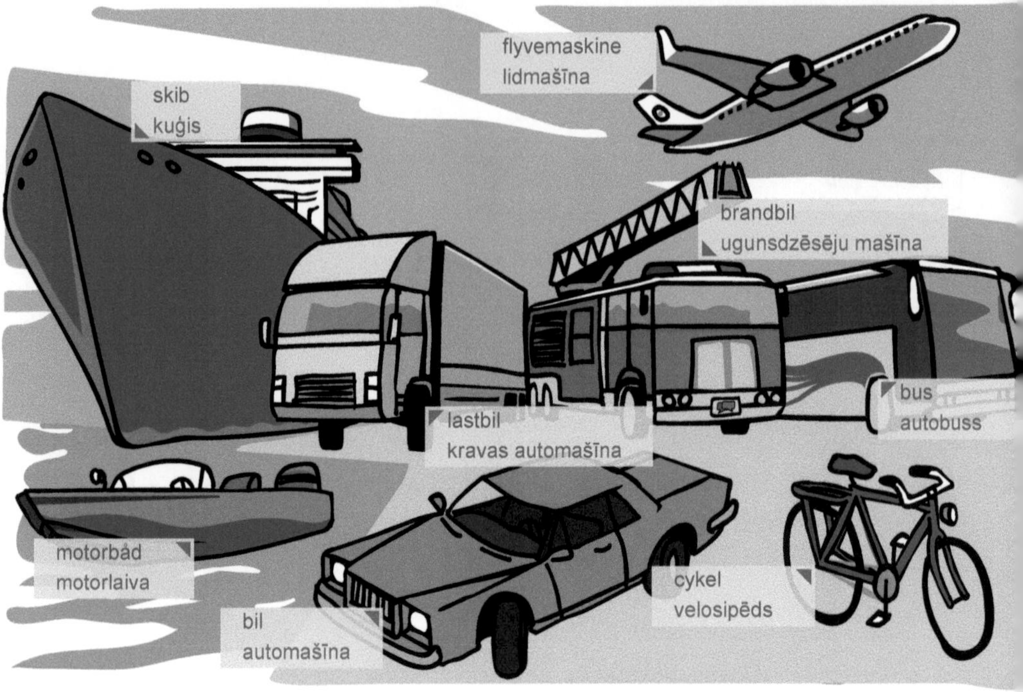

flyvemaskine
lidmašīna
skib
kuģis
brandbil
ugunsdzēsēju mašīna
bus
autobuss
lastbil
kravas automašīna
motorbåd
motorlaiva
cykel
velosipēds
bil
automašīna

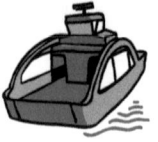

færge

prāmis

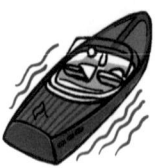

båd

laiva

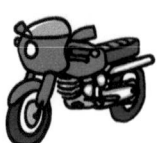

motorcykel

motocikls

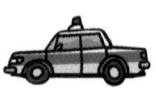

politibil

policijas automašīna

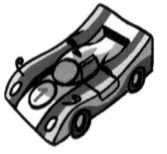

racerbil

sacīkšu automobilis

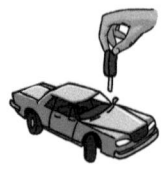

lejebil

nomas auto

samkørsel

auto koplietošana

kranbil

evakuators

skraldebil

atkritumu mašīna

motor

dzinējs

benzin

benzīns

tankstation

degvielas uzpildes stacija

trafikskilt

ceļa zīme

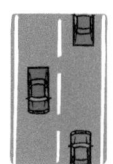

trafik

satiksme

trafikprop

sastrēgums

parkeringsplads

stāvvieta

banegård

dzelzceļa stacija

skinner

sliedes

tog

vilciens

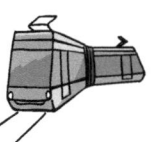

sporvogn

tramvajs

wagon

vagons

helikopter

helikopters

lufthavn

lidosta

tårn

tornis

passager

pasažieris

container

konteiners

karton

kaste

kærre

ratiņi

kurv

grozs

starte / lande

pacelties / nosēsties

by

pilsēta

landsby

ciems

bymidte

pilsētas centrs

hus

māja

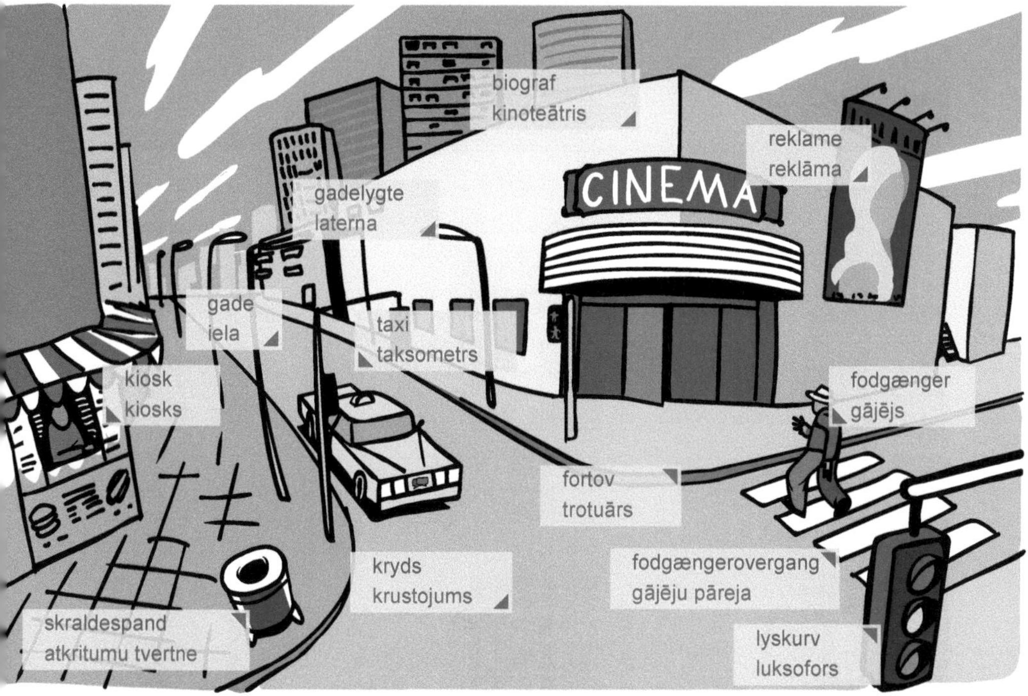

biograf
kinoteātris

reklame
reklāma

gadelygte
laterna

CINEMA

gade
iela

taxi
taksometrs

kiosk
kiosks

fodgænger
gājējs

fortov
trotuārs

kryds
krustojums

fodgængerovergang
gājēju pāreja

skraldespand
atkritumu tvertne

lyskurv
luksofors

hytte
būda

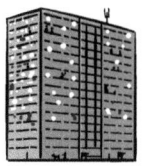

lejlighed
dzīvoklis

banegård
dzelzceļa stacija

rådhus
rātsnams

museum
muzejs

skole
skola

universitet

universitāte

bank

banka

sygehus

slimnīca

hotel

viesnīca

apotek

aptieka

kontor

birojs

boghandel

grāmatnīca

butik

veikals

blomsterbutik

ziedu veikals

supermarked

lielveikals

marked

tirgus

stormagasin

tirdzniecības centrs

fiskehandler

zivju tirgotājs

butikscenter

tirdzniecības centrs

havn

osta

park

parks

bænk

sols

bro

tilts

trappe

kāpnes

undergrundsbane

metro

tunnel

tunelis

busstoppested

autobusa pieturvieta

barnevogn

bārs

restaurant

restorāns

postkasse

pastkastīte

vejskilt

ielas nosaukuma plāksne

parkometer

stāvlaika skaitītājs

zoo

zooloģiskais dārzs

badeanstalt

peldbaseins

moske

mošeja

bondegård
....
zemnieku saimniecība

miljøforurening
....
vides piesārņojums

kirkegård
....
kapsēta

kirke
....
baznīca

legeplads
....
spēļu laukums

tempel
....
templis

landskab

ainava

blad
lapa

vejviser
ceļrādis

vej
ceļš

eng
pļava

sten
akmens

træ
koks

vandrer
ceļotājs

flod
upe

græs
zāle

blomst
puķe

dal
ieleja

bjerg
kalns

sø
ezers

skov
mežs

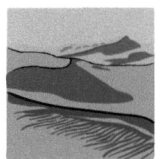

ørken
tuksnesis

vulkan
vulkāns

slot
pils

regnbue
varavīksne

svamp
sēne

palme
palma

moskito
moskīts

flue
muša

myre
skudra

bi
bite

edderkop
zirneklis

bille

vabole

frø

varde

egern

vāvere

pindsvin

ezis

hare

zaķis

ugle

pūce

fugl

putns

svane

gulbis

vildsvin

meža cūka

hjort

briedis

elg

alnis

dæmning

aizsprosts

vindmølle

vēja ģenerators

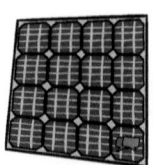

solcellemodul

saules baterija

klima

klimats

restaurant
restorāns

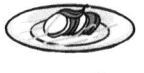

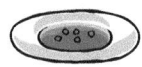

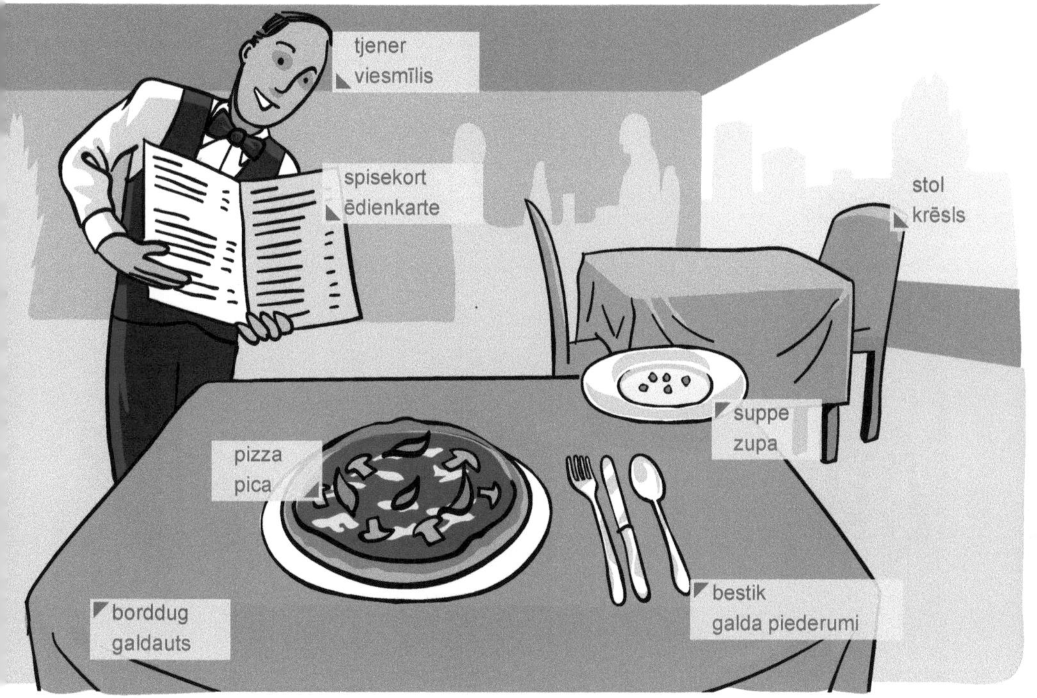
tjener
viesmīlis
spisekort
ēdienkarte
stol
krēsls
suppe
zupa
pizza
pica
bestik
galda piederumi
borddug
galdauts

forret

uzkoda

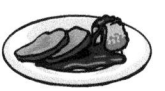

hovedret

pamatēdiens

dessert

deserts

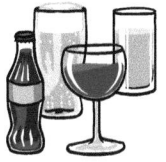

drikkevarer

dzērieni

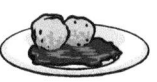

mad

ēdiens

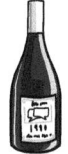

flaske

pudele

fastfood

ātrās uzkodas

streetfood

ielu uzkodas

tekande

tējkanna

sukkerdåse

cukurtrauks

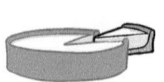

portion

porcija

espressomaskine

espresso kafijas automāts

barnestol

bāra krēsls

faktura

rēķins

tablet

paplāte

kniv

nazis

gaffel

dakša

ske

karote

teske

tējkarote

serviet

salvete

glas

glāze

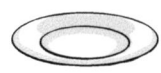

tallerken

šķīvis

dyb tallerken

zupas šķīvis

underkop

apakštase

sovs

mērce

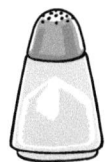

saltbøsse

sāls trauciņš

peberkværn

piparu dzirnaviņas

eddike

etiķis

olie

eļļa

krydderier

garšvielas

ketchup

kečups

sennep

sinepes

mayonnaise

majonēze

supermarked
lielveikals

tilbud
piedāvājums
FOR
kunde
klients
mælkeprodukter
piena produkti
frugt
augļi
indkøbsvogn
iepirkumu ratiņi

BUTCHERS

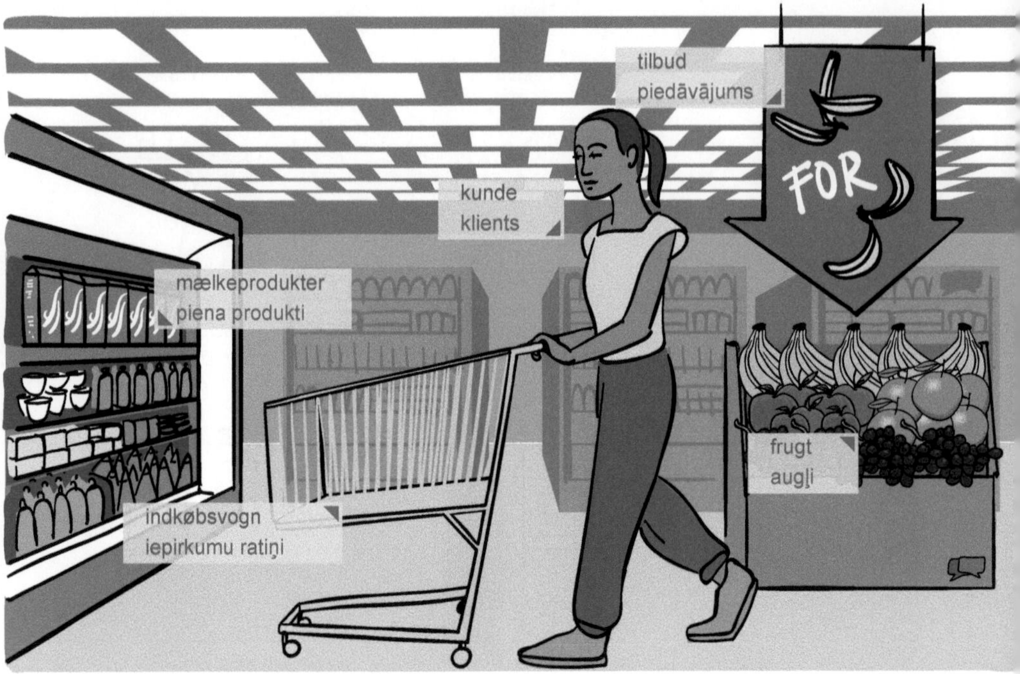

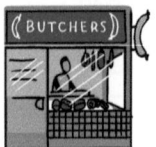

slagter

kautuve

BAKERY

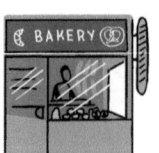

bageri

maizes veikals

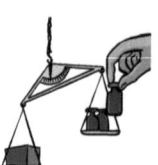

veje

svērt

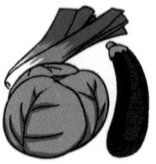

grøntsager

dārzeņi

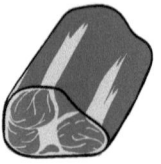

kød

gaļa

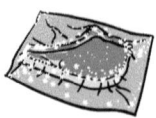

frostvarer

saldēti produkti

pålæg

aukstās gaļas uzkodas

konserves

konservi

vaskemiddel

pulveris

slik

saldumi

husholdningsvarer

mājsaimniecības preces

rengøringsmidler

tīrīšanas līdzeklis

ekspedient

pārdevēja

kasse

kase

kasserer

kasieris

indkøbsliste

iepirkumu saraksts

åbningstider

darba laiks

tegnebog

maks

kreditkort

kredītkarte

taske

soma

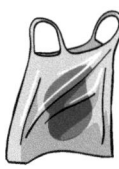

plasticpose

maisiņš

vand

ūdens

saft

sula

mælk

piens

cola

kola

vin

vīns

øl

alus

alkohol

alkohols

kakao

kakao

te

tēja

kaffe

kafija

espresso

espresso

cappuccino

kapučīno

banan
banāns

æble
ābols

appelsin
apelsīns

melon
melone

citron
citrons

gulerod
burkāns

hvidløg
ķiploks

bambus
bambuss

løg
sīpols

svamp
sēne

nødder
rieksti

nudler
makaroni

spaghetti

spageti

ris

rīsi

salat

salāti

pomfritter

frī kartupeļi

stegte kartofler

cepti kartupeļi

pizza

pica

hamburger

hamburgers

sandwich

sviestmaize

schnitzel

šnicele

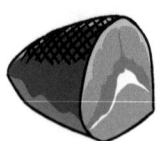

skinke

šķiņķis

salami

salami

pølse

desa

kylling

vista

steg

cepetis

fisk

zivs

havregryn

auzu pārslas

mysli

muslis

cornflakes

brokastu pārslas

mel

milti

croissant

radziņš

rundstykke

brokastu maizītes

brød

maize

toast

tostermaize

kiks

cepumi

smør

sviests

kvark

biezpiens

kage

kūka

æg

ola

spejlæg

cepta ola

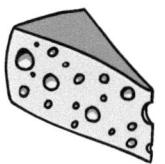

ost

siers

is
....
saldējums

sukker
....
cukurs

honning
....
medus

marmelade
....
marmelāde

nougat-creme
....
riekstu krēms

karry
....
karijs

bondegård
zemnieku saimniecība

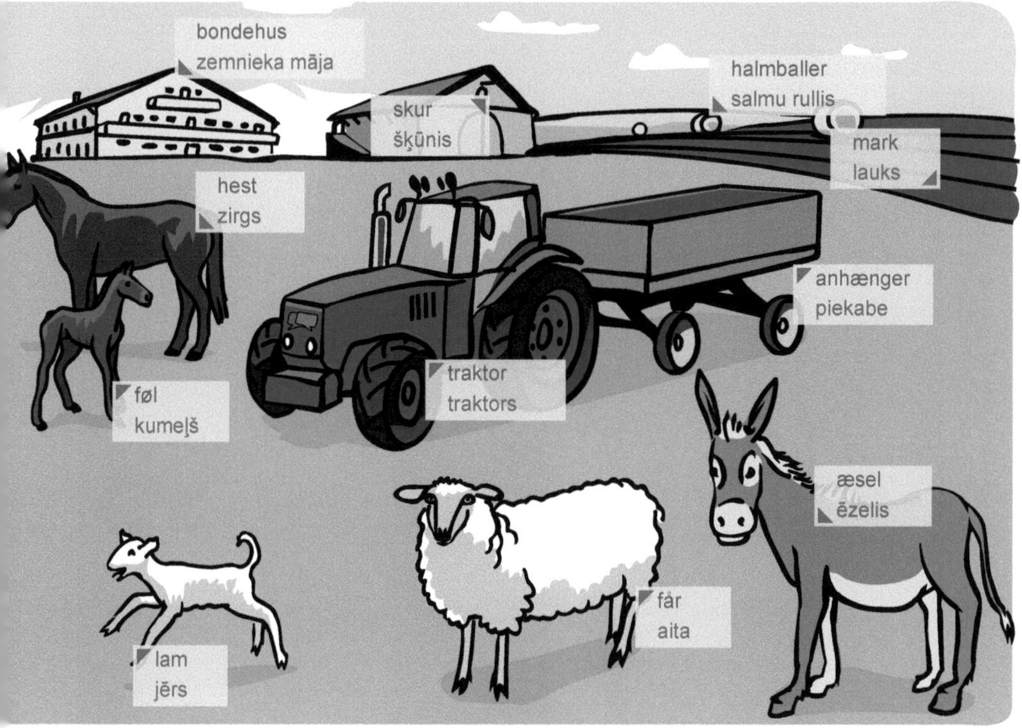
bondehus
zemnieka māja
skur
šķūnis
halmballer
salmu rullis
mark
lauks
hest
zirgs
anhænger
piekabe
traktor
traktors
føl
kumeļš
æsel
ēzelis
får
aita
lam
jērs

ged
kaza

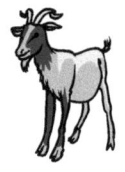

ko
govs

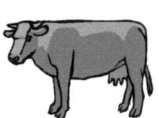

kalv
teļš

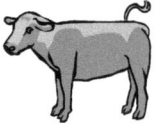

svin
cūka

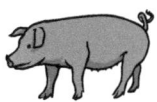

gris
sivēns

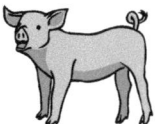

tyr
bullis

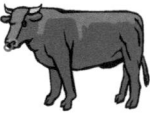

gås

zoss

and

pīle

kylling

cālis

høne

vista

hane

gailis

rotte

žurka

kat

kaķis

mus

pele

okse

vērsis

hund

suns

hundehus

suņa būda

haveslange

dārza šļūtene

vandkande

lejkanna

le

izkapts

plov

arkls

segl
sirpis

hakkejern
kaplis

møggreb
mēslu dakša

økse
cirvis

trillebør
ķerra

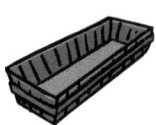

trug
sile

mælkekande
piena kanna

sæk
maiss

hæk
žogs

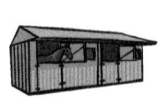

stald
kūts

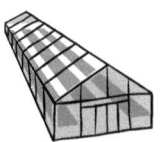

drivhus
siltumnīca

jord
augsne

frø
sēklas

gødning
mēslojums

mejetærsker
kombains

høste
novākt ražu

høst
raža

yams
jamss

hvede
kvieši

soja
soja

kartoffel
kartupelis

majs
kukurūza

raps
rapsis

frugttræ
augļu koks

maniok
manioka

korn
labība

hus
māja

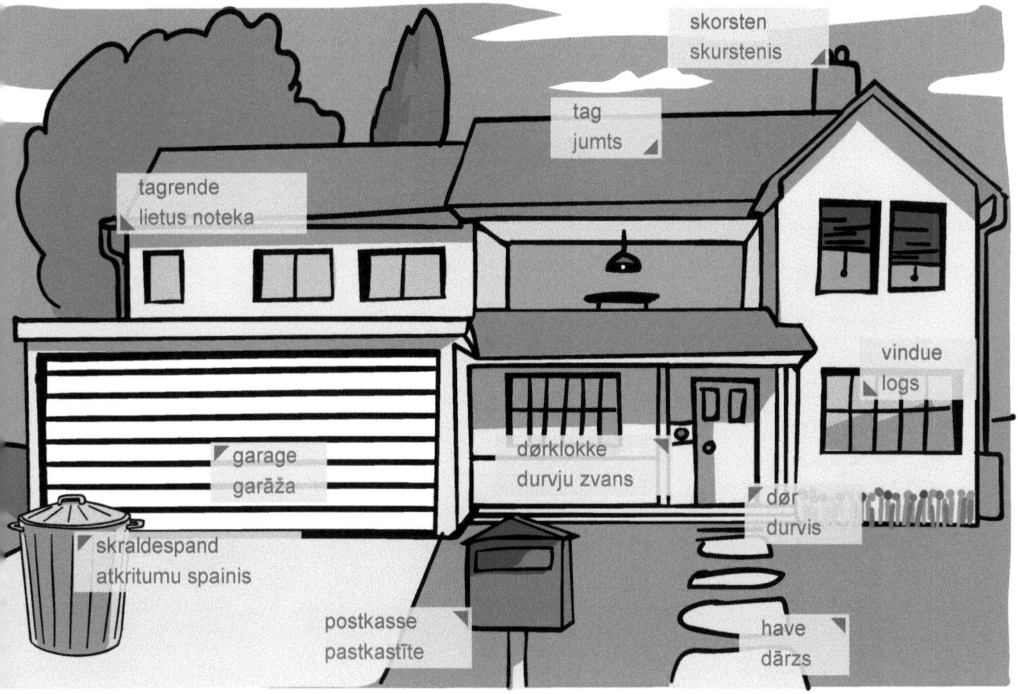

skorsten
skurstenis
tag
jumts
tagrende
lietus noteka
vindue
logs
garage
garāža
dørklokke
durvju zvans
dør
durvis
skraldespand
atkritumu spainis
postkasse
pastkastīte
have
dārzs

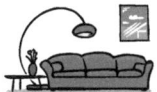

stue
viesistaba

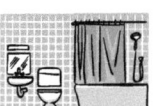

badeværelse
vannas istaba

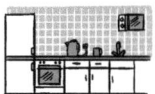

køkken
virtuve

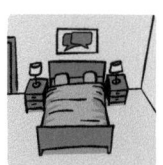

soveværelse
guļamistaba

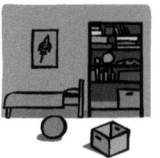

børneværelse
bērnu istaba

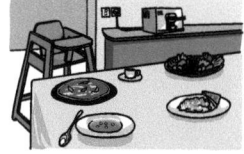

spisestue
ēdamistaba

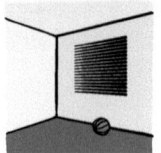

gulv

grīda

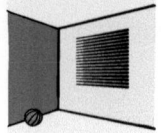

væg

siena

loft

griesti

kælder

pagrabs

sauna

sauna

altan

balkons

terrasse

terase

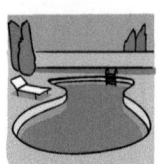

svømmehal

baseins

plæneklipper

zāles pļāvējs

dynebetræk

gultas veļa

dyne

sega

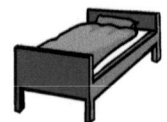

seng

gulta

kost

slota

spand

spainis

kontakt

slēdzis

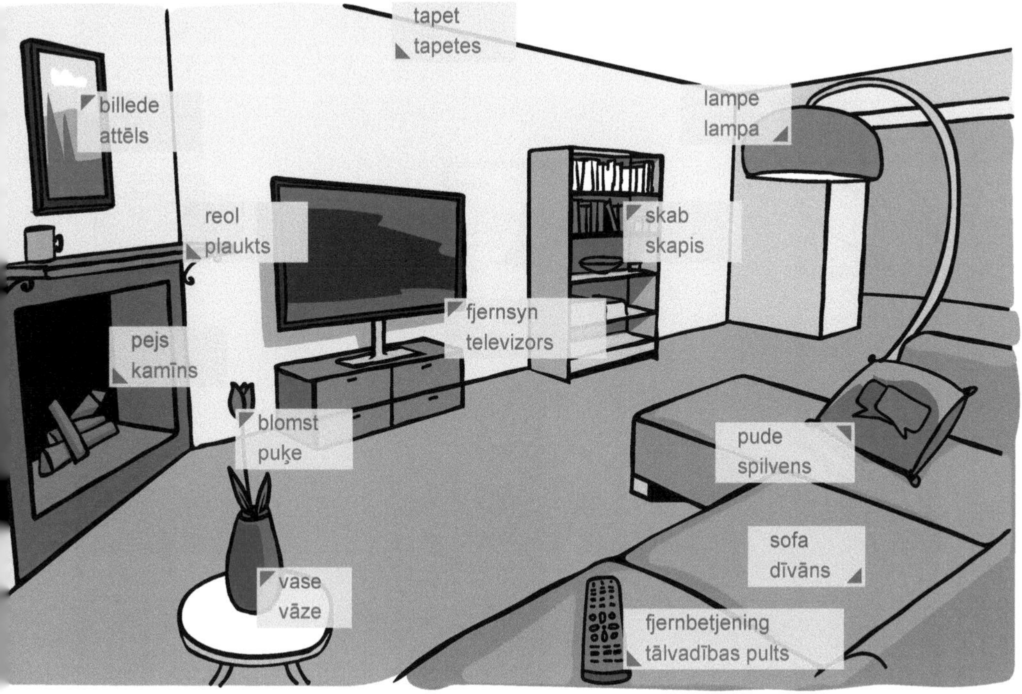

tapet
tapetes

billede
attēls

lampe
lampa

reol
plaukts

skab
skapis

pejs
kamīns

fjernsyn
televizors

blomst
puķe

pude
spilvens

sofa
dīvāns

vase
vāze

fjernbetjening
tālvadības pults

gulvtæppe

paklājs

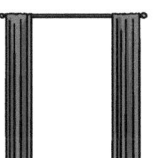

gardin

aizkars

bord

galds

stol

krēsls

gyngestol

šūpuļkrēsls

lænestol

atpūtas krēsls

bog

grāmata

tæppe

sega

dekoration

dekorācija

brænde

malka

film

filma

stereoanlæg

mūzikas centrs

nøgle

atslēga

avis

avīze

maleri

glezna

plakat

plakāts

radio

radio

notesblok

pierakstu blociņš

støvsuger

putekļu sūcējs

kaktus

kaktuss

lys

svece

køkken
virtuve

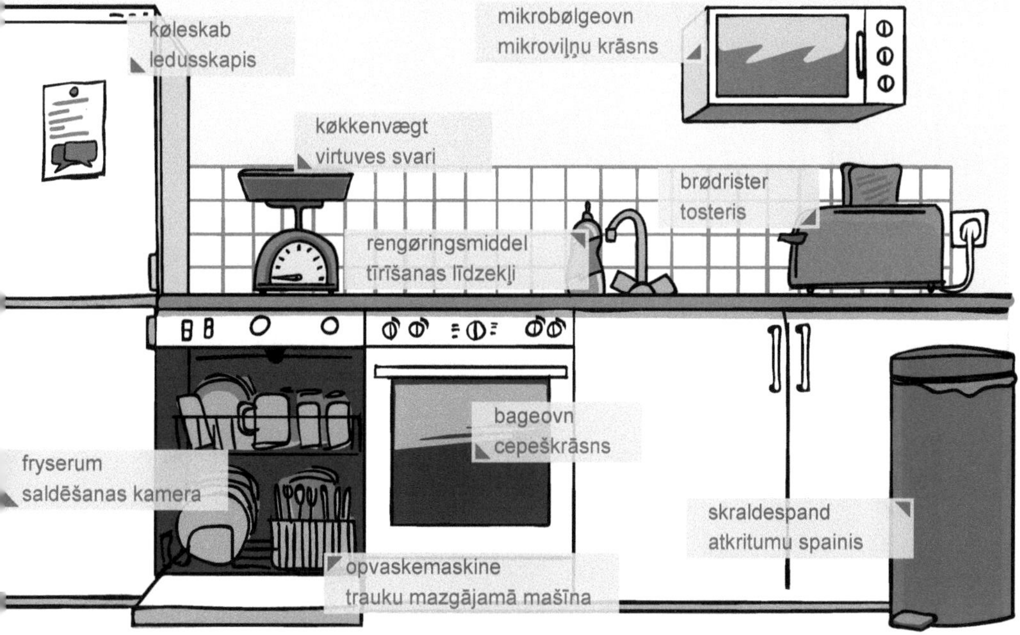
køleskab
ledusskapis
mikrobølgeovn
mikroviļņu krāsns
køkkenvægt
virtuves svari
brødrister
tosteris
rengøringsmiddel
tīrīšanas līdzekļi
bageovn
cepeškrāsns
fryserum
saldēšanas kamera
skraldespand
atkritumu spainis
opvaskemaskine
trauku mazgājamā mašīna

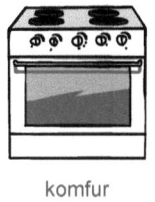

komfur

plīts

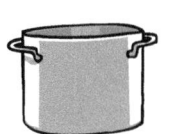

gryde

pods

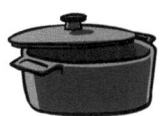

jerngryde

katls

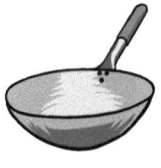

wok / kadai

Wok panna

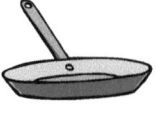

pande

panna

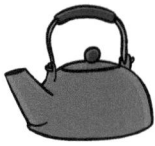

elkedel

elektriskā tējkanna

dampkoger

tvaika katls

bageplade

cepešpanna

service

trauki

bæger

krūze

skål

bļoda

spisepinde

irbulīši

øseske

kauss

paletkniv

lāpstiņa

piskeris

putošanas slotiņa

dørslag

sietiņš

si

siets

rive

rīve

morter

piesta

grille

grilēt

ildsted

atklāts pavards

skærebræt
dēlis

kagerulle
mīklas rullis

proptrækker
korķu viļķis

dåse
bundža

dåseåbner
konservu nazis

grydelap
virtuves cimdi

køkkenvask
izlietne

børste
birste

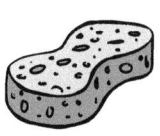

svamp
sūklis

blender
mikseris

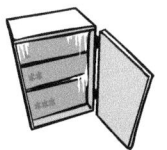

dybfryser
saldētava

sutteflaske
bērna pudelīte

vandhane
ūdenskrāns

badeværelse

vannas istaba

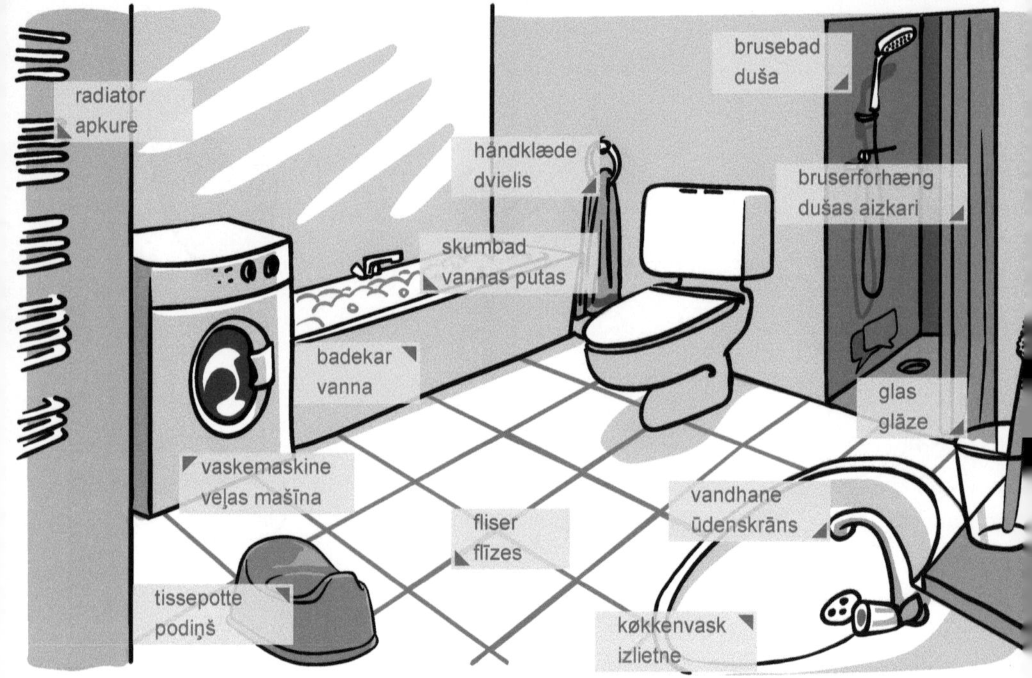
radiator
apkure
brusebad
duša
håndklæde
dvielis
bruserforhæng
dušas aizkari
skumbad
vannas putas
badekar
vanna
glas
glāze
vaskemaskine
veļas mašīna
vandhane
ūdenskrāns
fliser
flīzes
tissepotte
podiņš
køkkenvask
izlietne

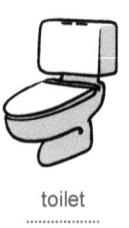

toilet
tualetes pods

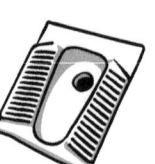

hugsiddende toilet
Āzijas tipa tualete

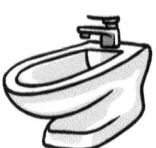

bidet
bidē

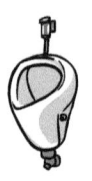

pissoir
pisuārs

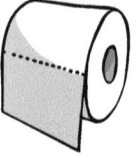

toiletpapir
tualetes papīs

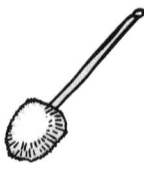

toiletbørste
tualetes birste

tandbørste

zobu birste

tandpasta

zobu pasta

tandtråd

zobu diegs

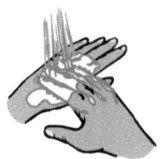

vaske

mazgāt

håndbruser

rokas duša

intimbruser

duša

vaskefad

bļoda

badebørste

muguras mazgāšanas birste

sæbe

ziepes

brusegele

dušas želeja

shampoo

šampūns

vaskeklud

mazgāšanas drāna

afløb

noteka

creme

krēms

deodorant

dezodorants

spejl
spogulis

kosmetikspejl
spogulītis

barberhøvl
skuveklis

barberskum
skūšanās putas

barbervand
losjons pēc skūšanās

kam
ķemme

børste
matu suka

hårtørrer
matu fēns

hårspray
matu laka

makeup
grima komplekts

læbestift
lūpu krāsa

neglelak
nagulaka

vat
vate

neglesaks
šķērītes

parfume
smaržas

toilettaske

kosmētikas maks

skammel

ķeblītis

vægt

svari

badekåbe

halāts

gummihandsker

tīrīšanas cimdi

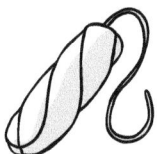

tampon

tampons

damebind

pakete

kemisk toilet

ķīmiskā tualete

børneværelse
bērnu istaba

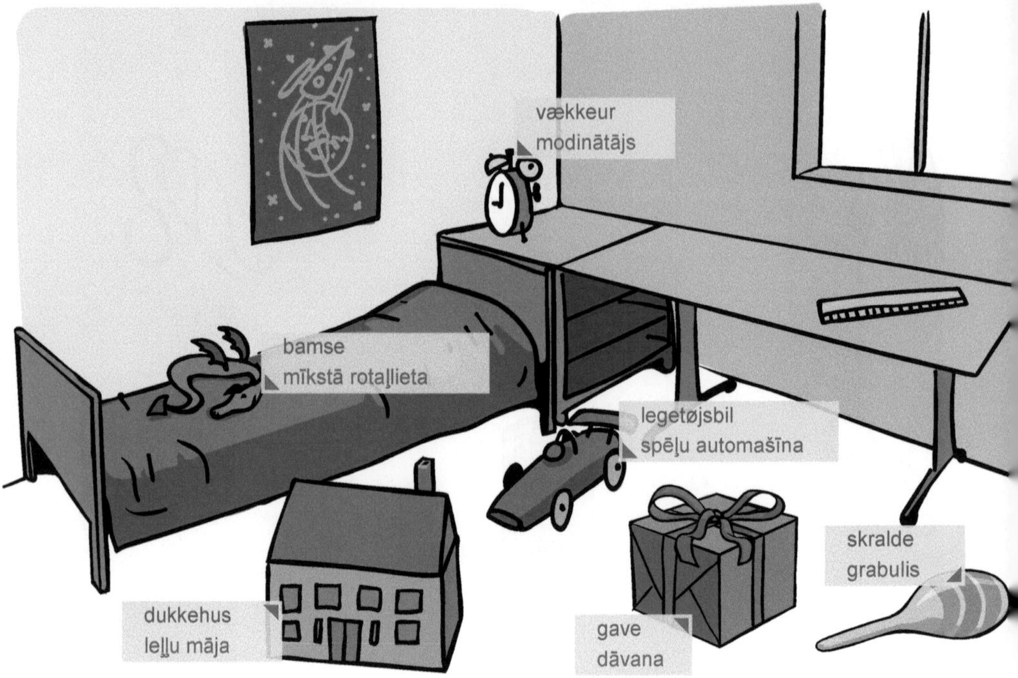
vækkeur
modinātājs
bamse
mīkstā rotaļlieta
legetøjsbil
spēļu automašīna
skralde
grabulis
dukkehus
leļļu māja
gave
dāvana

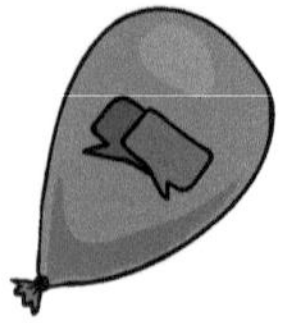

ballon

balons

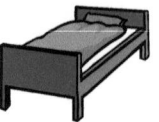

seng

gulta

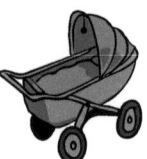

barnevogn

bērnu ratiņi

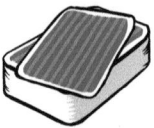

kortspil

kārtis

puslespil

puzle

SUPER MEGA

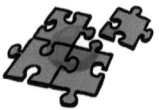

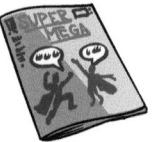

tegneserie

komikss

legoklodser
LEGO klucīši

byggeklodser
klucīši

action figur
varoņu figūra

sparkedragt
rāpulītis

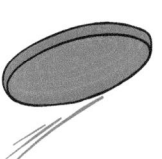

frisbee
lidojošais šķīvītis

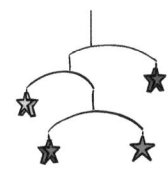

uro
muzikālais karuselis

brætspil
galda spēle

terning
metamais kauliņš

modeljernbane
rotaļu dzelzceļš

sut
māneklis

fest
ballīte

billedbog
bilžu grāmata

bold
bumba

dukke
lelle

lege
spēlēt

sandkasse

smilšu kaste

gynge

šūpoles

legetøj

rotaļlietas

spillekonsol

spēļu konsole

trehjulet cykel

trīsritenis

bamse

plīša lācītis

klædeskab

drēbju skapis

sokker

īszeķes

strømper

zeķes

strømpebukser

zeķbikses

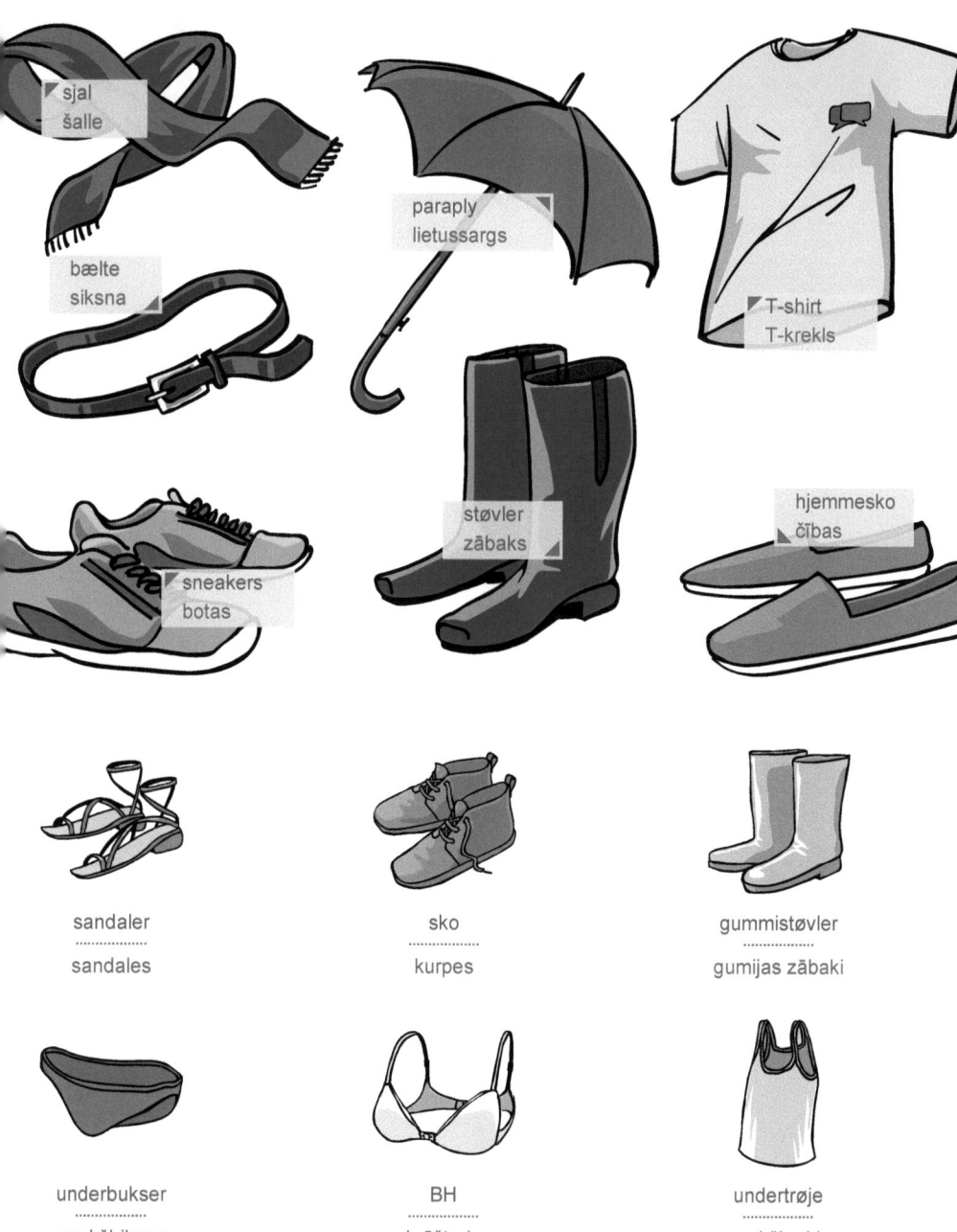

sjal
šalle

paraply
lietussargs

T-shirt
T-krekls

bælte
siksna

støvler
zābaks

hjemmesko
čības

sneakers
botas

sandaler
sandales

sko
kurpes

gummistøvler
gumijas zābaki

underbukser
apakšbikses

BH
krūšturis

undertrøje
apakškrekls

body
bodijs

bukser
bikses

jeans
džinsi

nederdel
svārki

bluse
blūze

skjorte
krekls

pullover
pulovers

sweatshirt
džemperis

blazer
žakete

jakke
jaka

frakke
mētelis

regnfrakke
lietus mētelis

kostume
kostīms

kjole
kleita

brudekjole
kāzu kleita

tøj - apģērbs

jakkesæt
uzvalks

nattrøje
naktskrekls

pyjamas
pidžama

sari
sari

hovedtørklæde
lakats

turban
turbāns

burka
burka

kaftan
kaftāns

abaya
abaja

badedragt
peldkostīms

badebukser
peldbikses

korte bukser
šorti

træningsdragt
treniņtērps

forklæde
priekšauts

handsker
cimdi

knap
poga

briller
brilles

armbånd
rokassprādze

kæde
kaklarota

ring
gredzens

ørering
auskars

hue
cepure

bøjle
drēbju pakaramais

hat
platmale

slips
kaklasaite

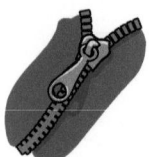

lynlås
rāvējslēdzējs

hjelm
ķivere

seler
bikšturi

skoleuniform
skolas forma

uniform
uniforma

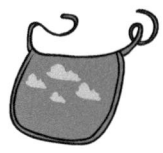

hagesmæk

priekšautiņš

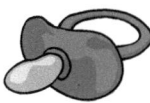

sut

māneklis

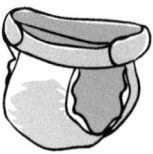

ble

autiņbiksītes

kontor
birojs

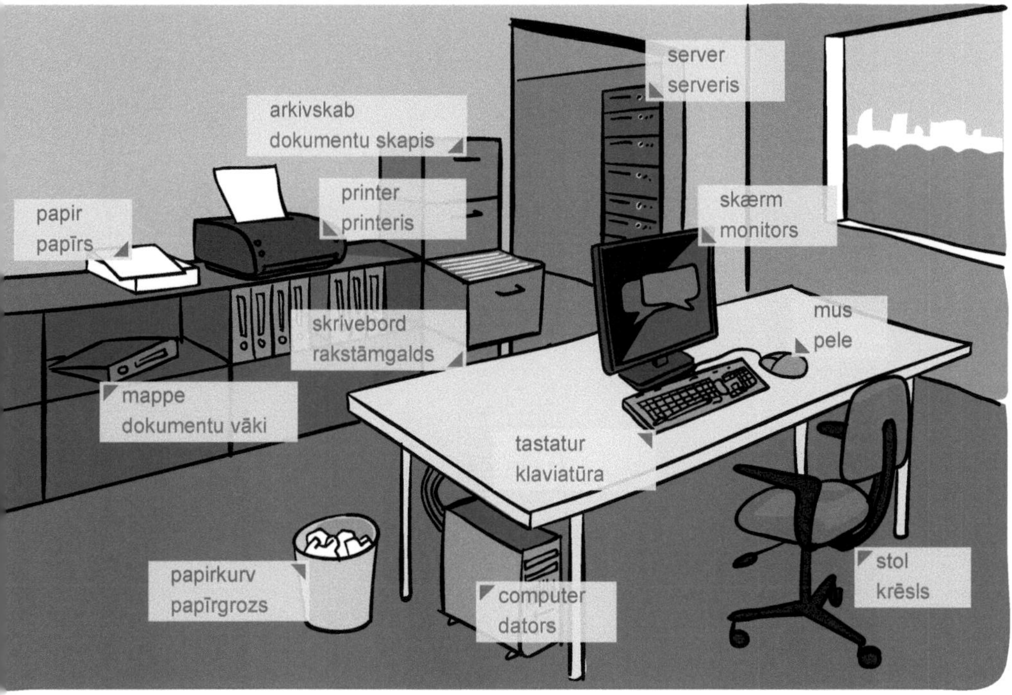

server
serveris
arkivskab
dokumentu skapis
printer
printeris
papir
papīrs
skærm
monitors
skrivebord
rakstāmgalds
mus
pele
mappe
dokumentu vāki
tastatur
klaviatūra
stol
krēsls
papirkurv
papīrgrozs
computer
dators

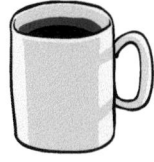

kaffekrus

kafijas krūze

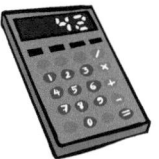

lommeregner

kalkulators

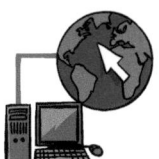

internet

internets

bærbar

portatīvais dators

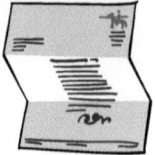

brev

vēstule

besked

ziņa

mobil

mobilais tālrunis

netværk

tīkls

kopimaskine

kopētājs

software

programmatūra

telefon

telefons

stikdåse

rozete

fax

faksa aparāts

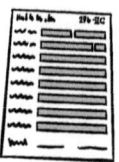

formular

formulārs

dokument

dokuments

købe
pirkt

betale
samaksāt

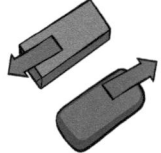

handle
tirgot

penge
nauda

USD

dollar
dolārs

EUR

euro
eiro

JPY

yen
jēna

RUB

rubel
rublis

CHF

schweizerfranc
franks

CNY

renminbi yuan
juaņa renminbi

INR

rupee
rūpija

hæveautomat
bankomāts

vekselkontor

valūtas maiņas punkts

guld

zelts

sølv

sudrabs

olie

nafta

energi

enerģija

pris

cena

kontrakt

līgums

skat

nodoklis

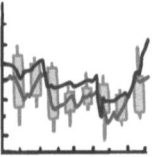

aktie

akcija

arbejde

strādāt

ansat

darbinieks

arbejdsgiver

darba devējs

fabrik

fabrika

butik

veikals

politimand
policists

brandmand
ugunsdzēsējs

kok
pavārs

læge
ārsts

pilot
pilots

gartner
dārznieks

tømrer
galdnieks

syerske
šuvēja

dommer
tiesnesis

kemiker
ķīmiķis

skuespiller
aktieris

buschauffør

autobusa vadītājs

taxachauffør

taksometra vadītājs

fisker

zvejnieks

rengøringskone

apkopēja

tagdækker

jumiķis

tjener

viesmīlis

jæger

mednieks

maler

gleznotājs

bager

maiznieks

elektriker

elektriķis

bygningsarbejder

celtnieks

ingeniør

inženieris

slagter

miesnieks

vvs-mand

skārdnieks

postbud

pastnieks

soldat

karavīrs

arkitekt

arhitekts

kasserer

kasieris

blomsterhandler

florists

frisør

frizieris

togfører

konduktors

mekaniker

mehāniķis

kaptajn

kapteinis

tandlæge

zobārsts

videnskabsmand

zinātnieks

rabbiner

rabīns

imam

imāms

munk

mūks

præst

mācītājs

værktøj
instrumenti

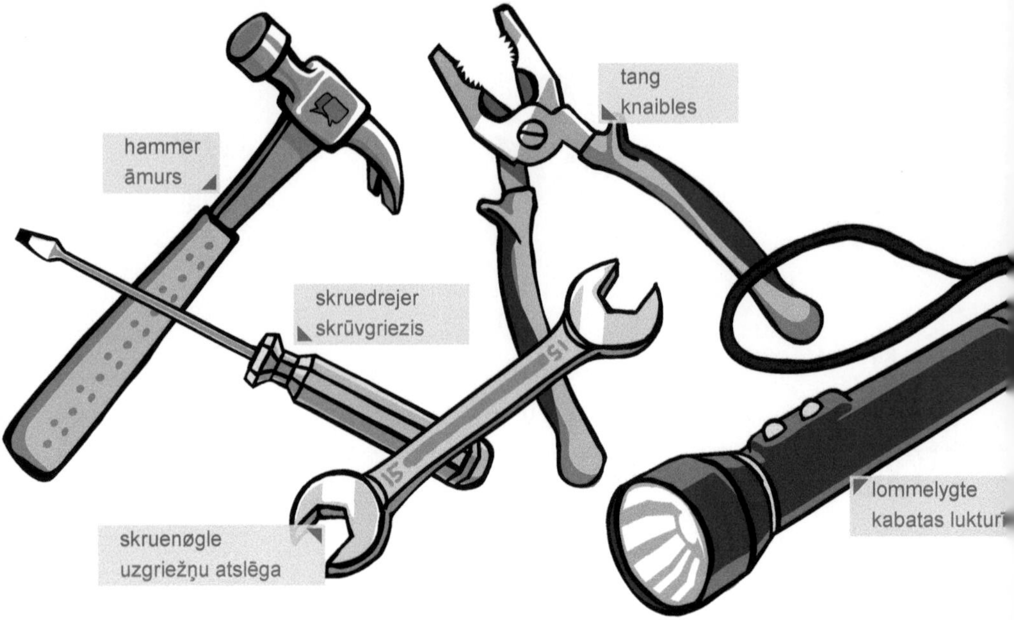

hammer
āmurs
tang
knaibles
skruedrejer
skrūvgriezis
lommelygte
kabatas lukturī
skruenøgle
uzgriežņu atslēga

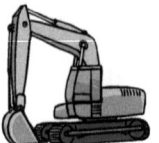

gravemaskine
ekskavators

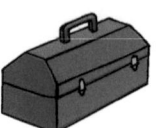

værktøjskasse
instrumentu kaste

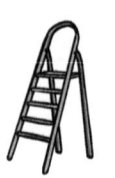

stige
kāpnes

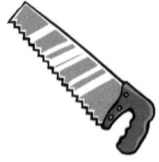

sav
zāģis

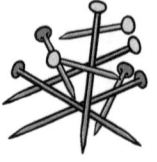

søm
naglas

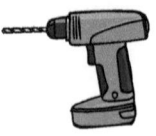

bor
urbis

reparere
....
remontēt

skovl
....
lāpsta

Lort!
....
Velns!

fejebakke
....
liekšķere

malerspand
....
krāsas bundža

skruer
....
skrūves

musikinstrumenter
mūzikas instrumenti

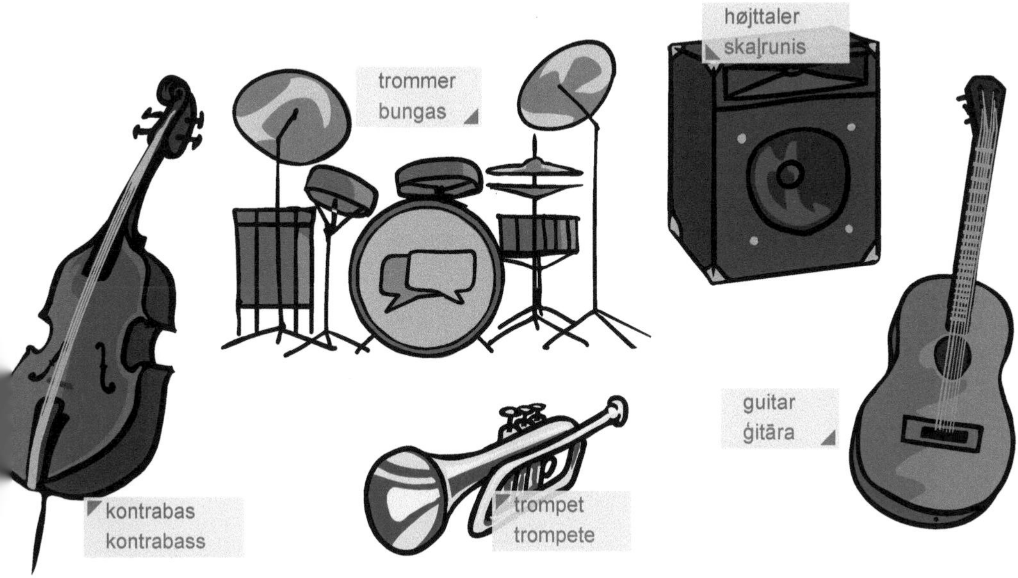

trommer
bungas

højttaler
skaļrunis

guitar
ģitāra

kontrabas
kontrabass

trompet
trompete

klaver

klavieres

violin

vijole

bas

bass

pauke

timpāni

tromme

bungas

keyboard

digitālās klavieres

saxofon

saksofons

fløjte

flauta

mikrofon

mikrofons

zoo

zooloģiskais dārzs

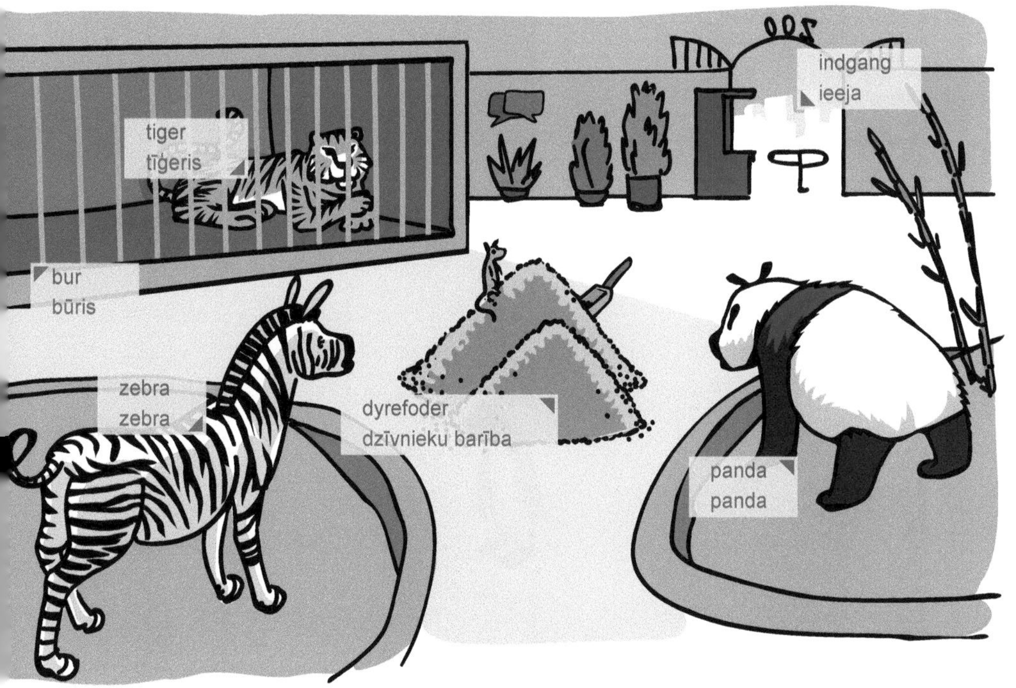
indgang
ieeja
tiger
tīģeris
bur
būris
zebra
zebra
dyrefoder
dzīvnieku barība
panda
panda

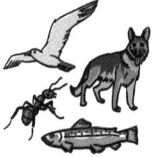

dyr

dzīvnieki

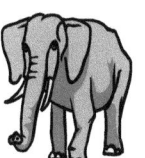

elefant

zilonis

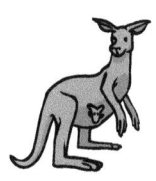

kænguru

ķengurs

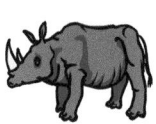

næsehorn

degunradzis

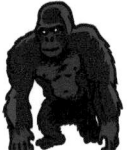

gorilla

gorilla

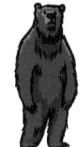

bjørn

lācis

kamel

kamielis

struds

strauss

løve

lauva

abe

pērtiķis

flamingo

flamings

papegøje

papagailis

isbjørn

polārlācis

pingvin

pingvīns

haj

haizivs

påfugl

pāvs

slange

čūska

krokodille

krokodils

dyrepasser

zoodārza sargs

sæl

ronis

jaguar

jaguārs

zoo - zooloģiskais dārzs

pony
ponijs

leopard
leopards

flodhest
nīlzirgs

giraf
žirafe

ørn
ērglis

vildsvin
meža cūka

fisk
zivs

skildpadde
bruņurupucis

hvalros
valzirgs

ræv
lapsa

gazelle
gazele

zoo - zooloģiskais dārzs

amerikansk football
amerikāņu futbols

cykling
riteņbraukšana

tennis
teniss

basketball
basketbols

svømning
peldēšana

boksning
bokss

ishockey
hokejs

fodbold
futbols

badminton
badmintons

atletik
vieglatlētika

håndbold
rokas bumba

skiløb
slēpošana

polo
polo

aktiviteter
darbības

springe
lēkt
give et knus
apskaut
grine
smieties
gå
iet
synge
dziedāt
drømme
sapņot
bede
lūgt
kysse
skūpstīt

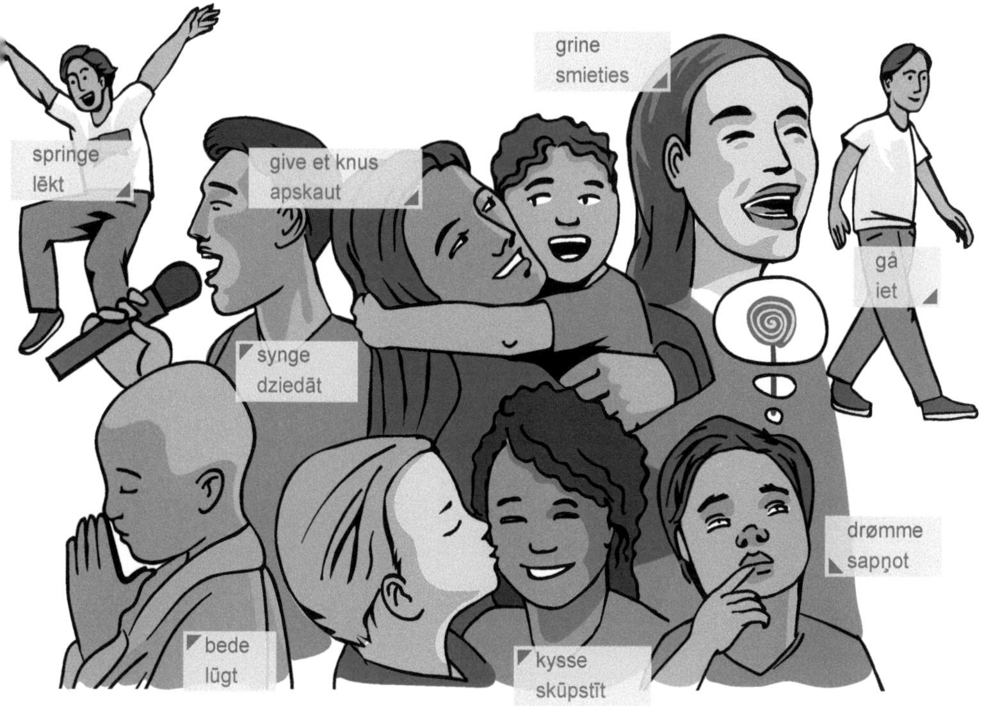

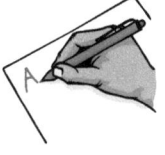

skrive
rakstīt

tegne
zīmēt

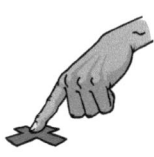

vise
rādīt

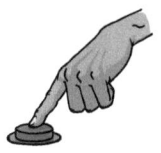

skubbe
spiest

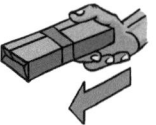

give
dot

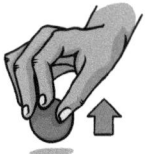

tage
ņemt

have
....
būt

gøre
....
darīt

være
....
būt

stå
....
stāvēt

løbe
....
skriet

trække
....
vilkt

kaste
....
mest

falde
....
krist

ligge
....
gulēt

vente
....
gaidīt

bære
....
nest

sidde
....
sēdēt

tage på
....
uzģērbt

sove
....
gulēt

vågne
....
pamosties

se på

skatīties

græde

raudāt

ae

glāstīt

kæmme

ķemmēt

tale

runāt

forstå

saprast

spørge

jautāt

høre

dzirdēt

drikke

dzert

spise

ēst

rydde op

sakārtot

elske

mīlēt

koge

vārīt

køre

braukt

flyve

lidot

sejle

burot

regne

rēķināt

læse

lasīt

lære

mācīties

arbejde

strādāt

gifte sig med

precēties

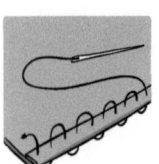

sy

šūt

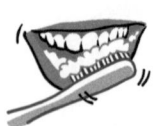

børste tænder

tīrīt zobus

dræbe

nogalināt

ryge

smēķēt

sende

sūtīt

bedstemor
vecāmāte

bedstefar
vectēvs

far
tēvs

mor
māte

baby
mazulis

datter
meita

søn
dēls

gæst

viesis

tante

tante

onkel

onkulis

bror

brālis

søster

māsa

krop

ķermenis

pande
piere
øje
acs
skulder
plecs
finger
pirksts
ansigt
seja
hage
zods
hånd
roka
ben
kāja
bryst
krūtis
arm
roka

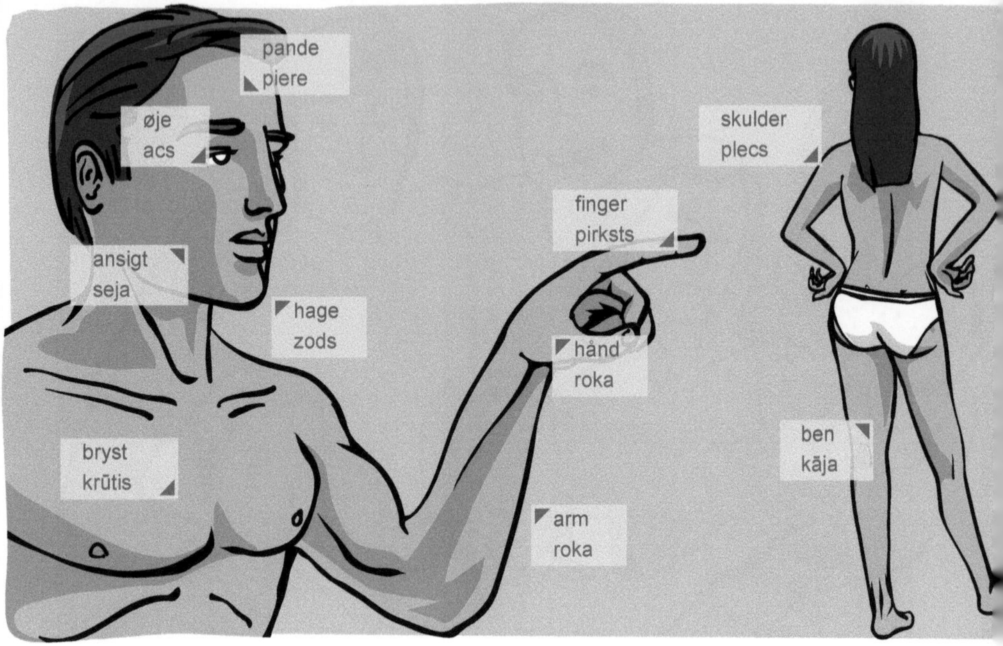

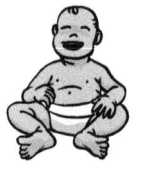

baby

mazulis

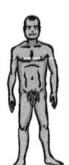

mand

vīrietis

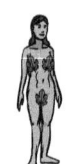

kvinde

sieviete

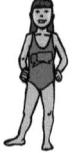

pige

meitene

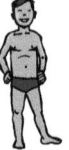

dreng

zēns

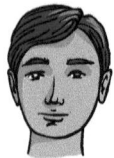

hoved

galva

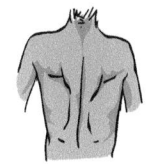

ryg

mugura

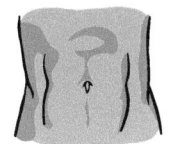

mave

vēders

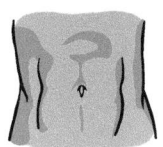

navle

naba

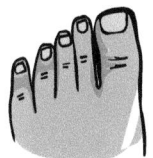

tå

kājas pirksts

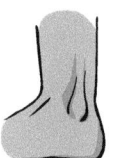

hæl

papēdis

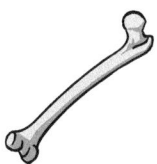

knogle

kauls

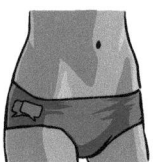

hofte

gurns

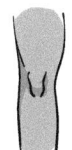

knæ

celis

albue

elkonis

næse

deguns

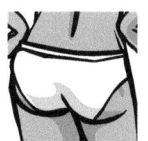

bagdel

dibens

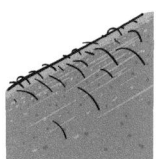

hud

āda

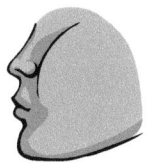

kind

vaigs

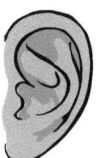

øre

auss

læbe

lūpa

mund
mute

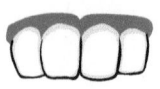

tand
zobs

tunge
mēle

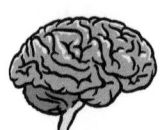

hjerne
smadzenes

hjerte
sirds

muskel
muskulis

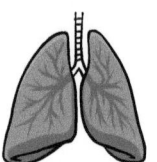

lunge
plaušas

lever
aknas

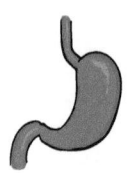

mavesæk
kuņģis

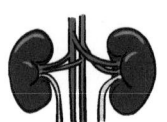

nyrer
nieres

sex
dzimumakts

kondom
kondoms

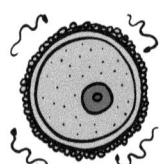

ægcelle
olšūna

sperm
sperma

svangerskab
grūtniecība

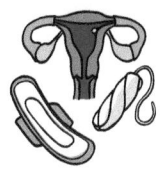

menstruation

menstruãcijas

vagina

vagīna

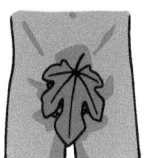

penis

penis

øjenbryn

uzacs

hår

mati

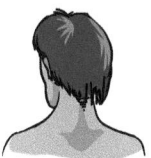

hals

kakls

krop - ķermenis

sygehus
slimnīca

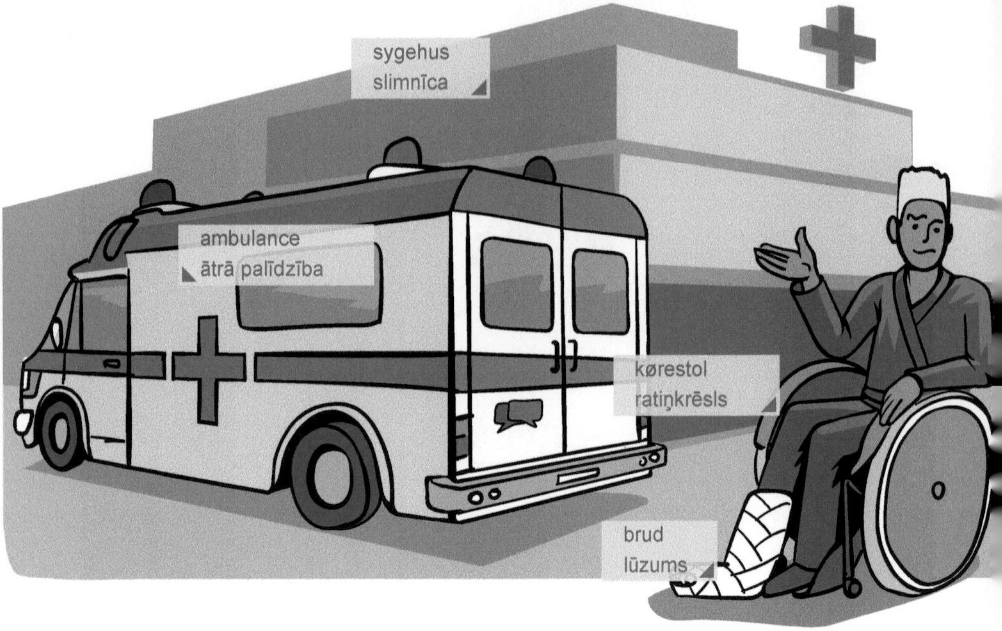

sygehus
slimnīca
ambulance
ātrā palīdzība
kørestol
ratiņkrēsls
brud
lūzums

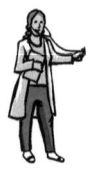

lægge

ārsts

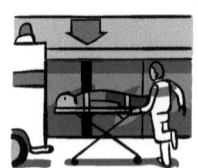

akutmodtagelse

neatliekamās palīdzības nodaļa

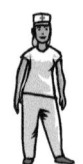

sygeplejerske

medmāsa

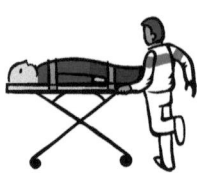

nødstilfælde

ārkārtas gadījums

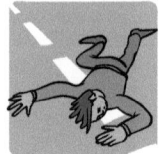

bevidstløs

paģībis

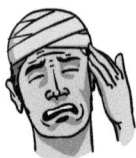

smerte

sāpes

skade

ievainojums

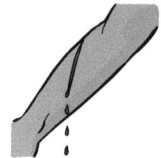

blødning

asiņošana

hjerteinfarkt

sirdslēkme

slagtilfælde

insults

allergi

alerģija

hoste

klepus

feber

temperatūra

influenza

gripa

diarré

caureja

hovedpine

galvassāpes

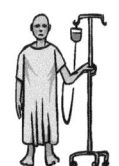

kræft

vēzis

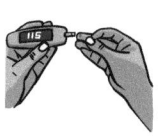

diabetes

diabēts

kirurg

ķirurgs

skalpel

skalpelis

operation

operācija

CT
datortomogrāfija

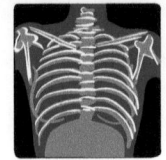

røntgen
rentgents

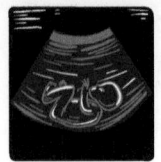

ultralyd
ultraskaņa

maske
sejas maska

sygdom
slimība

venteværelse
uzgaidāmā telpa

krykke
kruķis

plaster
plāksteris

forbinding
apsējs

injektion
injekcija

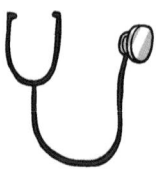

stetoskop
stetoskops

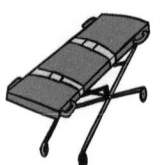

båre
nestuves

termometer
termometrs

fødsel
dzemdības

overvægt
liekais svars

høreapparat

dzirdes aparāts

desinficerende middel

dezinfekcijas līdzeklis

infektion

infekcija

virus

vīruss

HIV / AIDS

HIV / AIDS

medicin

zāles

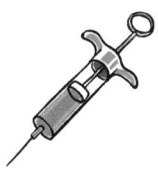

vaccination

pote

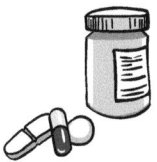

tabletter

tabletes

pille

pretapaugļošanās tablete

nødopkald

ārkārtas izsaukums

blodtryksmåler

asinsspiediena mērītājs

syg / rask

slims / vesels

Hjælp!

Palīgā!

alarm

trauksme

overfald

uzbrukums

angreb

uzbrukums

fare

bīstamība

nødudgang

avārijas izeja

Det brænder!

Uguns!

ildslukker

ugunsdzēšamais aparāts

uheld

negadījums

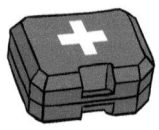

førstehjælps-kuffert

pirmās palīdzības aptieciņa

SOS

SOS

politi

policija

Europa

Eiropa

Nordamerika

Ziemeļamerika

Sydamerika

Dienvidamerika

Afrika

Āfrika

Asien

Āzija

Australien

Austrālija

Atlanterhavet

Atlantijas okeāns

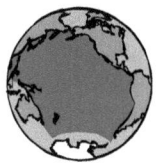

Stillehavet

Klusais okeāns

Indiske Ocean

Indijas okeāns

Sydlige Ishav

Dienvidu okeāns

Ishav

Ziemeļu ledus okeāns

Nordpol

Ziemeļpols

Sydpol

Dienvidpols

Antarktis

Antarktika

Jorden

zeme

land

zeme

hav

jūra

ø

sala

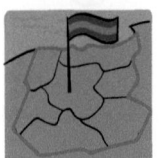

nation

nācija

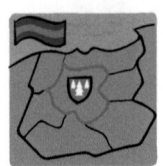

stat

valsts

urskive

ciparnīca

timeviser

stundu rādītājs

minutviser

minūšu rādītājs

sekundviser

sekunžu rādītājs

Hvad er klokken?

Cik ir pulkstenis?

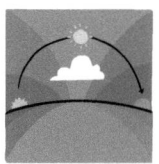

dag

diena

tid

laiks

nu

tagad

digitalur

digitālais pulkstenis

minut

minūte

time

stunda

uge
nedēļa

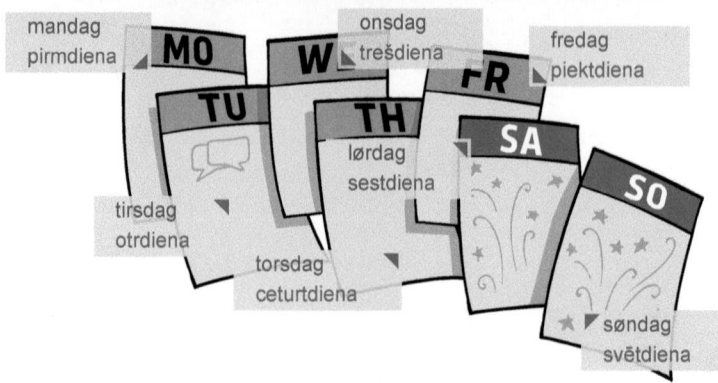

mandag
pirmdiena

onsdag
trešdiena

fredag
piektdiena

tirsdag
otrdiena

lørdag
sestdiena

torsdag
ceturtdiena

søndag
svētdiena

i går
vakardien

i dag
šodien

i morgen
rītdien

morgen
rīts

middag
pusdienlaiks

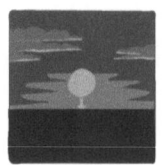

aften
vakars

MO	TU	WE	TH	FR	SA	SU
1	2	3	4	5	6	7
8	9	10	11	12	13	14
15	16	17	18	19	20	21
22	23	24	25	26	27	28
29	30	31	1	2	3	4

arbejdsdage
darbadienas

MO	TU	WE	TH	FR	SA	SU
1	2	3	4	5	6	7
8	9	10	11	12	13	14
15	16	17	18	19	20	21
22	23	24	25	26	27	28
29	30	31	1	2	3	4

weekend
brīvdienas

regn
lietus

regnbue
varavīksne

sne
sniegs

vind
vējš

forår
pavasaris

efterår
rudens

sommer
vasara

vinter
ziema

4.APRIL	11°	☀
5.APRIL	4°	☁
6.APRIL	13°	🌧
7.APRIL	8°	❄
8.APRIL	10°	☀

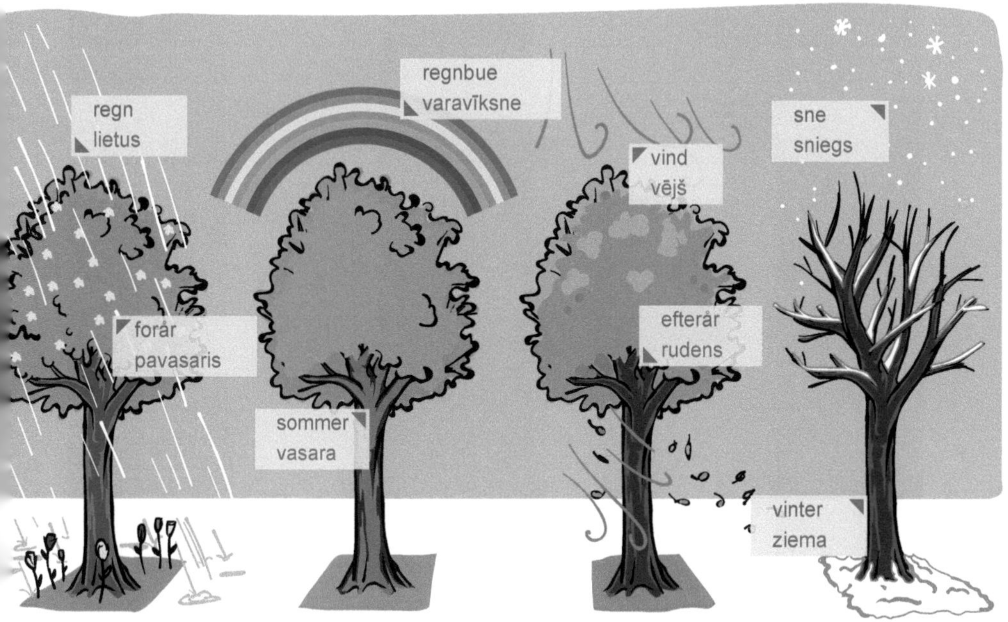

vejrudsigt
laika prognoze

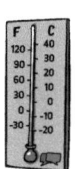

termometer
termometrs

solskin
saules gaisma

sky
mākonis

tåge
migla

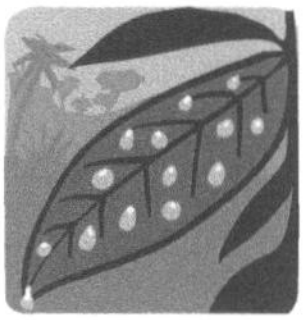

luftfugtighed
gaisa mitrums

lyn
....
zibens

torden
....
pērkons

storm
....
vētra

hagl
....
krusa

monsun
....
musons

flod
....
plūdi

is
....
ledus

januar
....
janvāris

februar
....
februāris

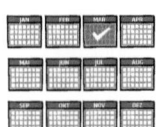

marts
....
marts

april
....
aprīlis

maj
....
maijs

juni
....
jūnijs

juli
....
jūlijs

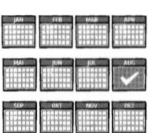

august
....
augusts

september
....
septembris

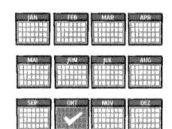

oktober
....
oktobris

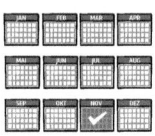

november
....
novembris

december
....
decembris

cirkel
....
aplis

kvadrat
....
kvadrāts

firkant
....
četrstūris

trekant
....
trīsstūris

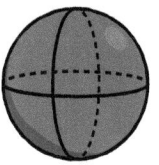

kugle
....
lode

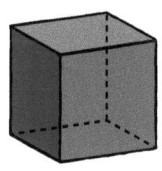

terning
....
kubs

hvid

balts

gul

dzeltens

orange

oranžs

pink

sārts

rød

sarkans

lilla

lillā

blå

zils

grøn

zaļš

brun

brūns

grå

pelēks

sort

melns

meget / lidt

daudz / maz

rasende / fredelig

saniknots / miermīlīgs

smuk / grim

skaists / neglīts

begyndelse / slut

sākums / beigas

stor / lille

liels / mazs

lys / mørk

gaišs / tumšs

bror / søster

brālis / māsa

ren / snavset

tīrs / netīrs

fuldkommen / ufuldkommen

pilnīgs / nepilnīgs

dag / nat

diena / nakts

død / levende

miris / dzīvs

bred / smal

plats / šaurs

spiselig / uspiselig

baudāms / nebaudāms

vred / venlig

nikns / laipns

ophidset / kedet

satraukts / garlaikots

tyk / tynd

resns / tievs

først / sidst

pirmais /pēdējais

ven / fjende

draugs / ienaidnieks

fuld / tom

pilns / tukšs

hård / blød

ciets / mīksts

tung / let

smags / viegls

sult / tørst

izsalkums / slāpes

syg / rask

slims / vesels

illegal / legal

nelegāls / legāls

intelligent / dum

inteliģents / dumjš

venstre / højre

kreisais / labais

nær / fjern

tuvu / tālu

ny / brugt
jauns / lietots

intet / noget
nekas / kaut kas

gammel / ung
vecs / jauns

tændt / slukket
ieslēgts / izslēgts

åben / lukket
atvērts / slēgts

stille / højt
kluss / skaļš

rig / fattig
bagāts / nabags

rigtig / forkert
pareizi / nepareizi

ru / glat
raupjš / gluds

ked af det / lykkelig
noskumis / laimīgs

kort / lang
īss / garš

langsom / hurtig
lēns / ātrs

våd / tør
slapjš / sauss

varm / kold
silts / vēss

krig / fred
karš / miers

0	**1**	**2**
nul	en	to
nulle	viens	divi

3	**4**	**5**
tre	fire	fem
trīs	četri	pieci

6	**7**	**8**
seks	syv	otte
seši	septiņi	astoņi

9	**10**	**11**
ni	ti	elleve
deviņi	desmit	vienpadsmit

12	**13**	**14**
tolv	tretten	fjorten
divpadsmit	trīspadsmit	četrpadsmit
15	**16**	**17**
femten	seksten	sytten
piecpadsmit	sešpadsmit	septiņpadsmit
18	**19**	**20**
atten	nitten	tyve
astoņpadsmit	deviņpadsmit	divdesmit
100	**1.000**	**1.000.000**
hundrede	tusinde	million
simts	tūkstotis	miljons

engelsk

angļu

amerikansk engelsk

amerikāņu angļu

kinesisk mandarin

ķīniešu mandarīnu valoda

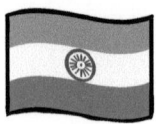

hindi

hindi

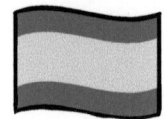

spansk

spāņu

fransk

franču

arabisk

arābu

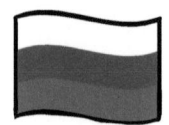

russisk

krievu

portugisisk

portugāļu

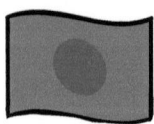

bengalsk

bengāļu

tysk

vācu

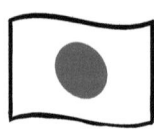

japansk

japāņu

jeg

es

du

tu

♂ ♀ ○

han / hun / den / det

viņš / viņa

vi

mēs

I

jūs

de

viņi / viņas

hvem?

kas?

hvad?

ko?

hvordan?

kā?

hvor?

kur?

hvornår?

kad?

HELLO, I AM

navn

vārds

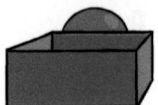

bag
aiz

i
iekšā

foran
priekšā

over
virs

på
uz

under
zem

ved siden af
blakus

imellem
starp

sted
vieta